静德軒藏文房瓷

# 小竹文房

王德元　卞亦文　編著

國家圖書館出版社

# 小有文章 —— 靜德軒藏文房瓷展

**策展人**

北京中漢拍賣有限公司

王德元

**展務**

楚智慧　蔣志華

**展品攝影、製圖**

陶然

**展品文字撰述**

楚智慧　郝萍

# 小有义章 —— 靜德軒藏文房瓷

**主編**

王德元　卞亦文

**編輯組**

楚智慧　郝萍

**裝幀設計**

陶然　董倫萍　彭淑鳳

**編務統籌**

董倫萍　彭淑鳳

**序言**

王刚　金立言　卞亦文　王德元

**封面題簽**

耿寶昌

小器大雅

文采留香

# 目録

# 序

文章千古事，得失寸心知。

與王德元先生雖未曾謀面，但翻覽着他的自珍集《小有文章 —— 靜德軒藏文房瓷》初稿，頓生會心之念，有神交之感。

劉勰有云："文附質也；質待文也。"要而言之，就是有形式有內容，內容與形式的高度統一，兩者缺一不可。

看了這本書稿，設計精美，圖版養眼，形式有了；所錄俱為古代名窯文房佳器。五彩斑斕，五色氤氳，令人目不暇接，流連忘飯，內容也有了。

康熙豇豆紅印泥盒，系出名門，依紅偎翠，嬌漾欲滴；嘉慶"懋勤殿"款龍紋大印泥盒，金碧輝煌，使人頗生翰林文心；最有意思的是那隻萬曆五彩狻猊香薰，東西少見別致不說，怎麽看都是憨態可掬，令人忍俊不禁……

其餘雖不一一羅列，但均可嘆為佳賞。真是"小有文章"，大有名堂。

期待展覽早日開幕，可一飽眼福；期待書稿早日付梓，可賞心悅目；更期待王君再接再厲，令人再發後生可畏之嘆、之喜。

是為序。

王剛
戊戌深秋於北京

# "掃象圖" 雜感（代序）

　　"身是菩提樹，心如明鏡臺。時時勤拂拭，莫使惹塵埃。" 針對神秀法師，禪宗六祖慧能給出的世界觀是 "菩提本無樹，明鏡亦非臺。本來無一物，何處惹塵埃？"

　　明末禪風大盛，《五雜俎》記載："今之釋教，殆遍天下。""上自王公貴人，下至婦人女子，每談禪拜佛，無不灑然色喜矣。"近代碩學陳垣亦言："萬曆而後，禪風寖盛。士大夫無不談禪，僧亦無不欲與士夫結納。" 禪宗主張超然物外，而反映在紋飾圖案上就出現了 "掃象圖"，破除對於名相的執著恰好反映了禪宗的思想。

　　丁雲鵬、吳彬、崔子忠等明代晚期活躍於畫壇的道釋人物畫家皆有 "掃象圖" 流傳於世，《圖繪宗彝》及《歷代名公畫譜》則有木刻版畫收錄其中，甚至在製墨名家程君房的《程氏墨苑》中也有出現。由此可知，"掃象圖" 作爲一種喜聞樂見的人物故事題材，在當時廣受歡迎。其實，景德鎮的青花瓷器上也可尋得蹤跡，如作爲首件重器收錄於本圖錄的青花筆筒即是絕好的一例。通觀此器，青花色澤明快悅目，工藝精湛，刻繪兼施，巨象圓渾威武，人物輕盈飄逸，堪稱明末瓷器 "上品細料器" 的典型作品。古物有靈，歷經滄海桑田，人手相傳至今，尤爲難得！

　　文房雅器，座右之寶。本展收錄了私家珍藏的歷代名瓷美品，件件可圈可點。或文化背景，或工藝技法，或稀少程度，或傳承經過，無不各具特色，值得傾心把玩。這其中，也包括近年以來拍賣市場上出現的多件明星作品，今天觀之如晤老友，令人心生感慨。收藏不易，傳承文化，傳遞喜悅。作爲藏家的同好之友，在此謹祝展覽圓滿成功！

金立言

二零一八年十一月

# 序

　　經月纍日，"小有文章 —— 靜德軒藏文房瓷特展"終於籌備告成，即將開幕；數易其稿，這本配合展覽出版的同名圖冊也終於殺青付梓，即將功德圓滿。

　　能承辦這樣一場充分體現個人品味與眼光，又充滿學術價值和顯示效果的展覽，同時能協助靜德軒主編撰眼前這部圖冊，這既是中漢的責任，也是中漢的幸運。責任，當仁不讓；幸運，與有榮焉。

　　靜德軒主剛過而立之年，在業內已取得令人矚目的成就，已嶄露樹德立行之象，令人欽佩。

　　數次見到他在各大藝術品拍賣會上爭奪心儀之物，力拔山兮氣蓋世；也多次目睹他在眾人劍拔弩張之際引而不發，收放自如。既能意氣風發，鬥志昂揚，也能穩坐釣臺，願者上鉤；既能動如脫兔，也能靜如處子，殊途而同歸，異曲而同工。運籌帷幄之準，專業素養之高，令人佩服。

　　之前與靜德軒主曾有多面之緣，多在海內外各大拍場上下，每次均匆匆數言，未及深談，卻真切感受到其低調和謙遜，訥於言而敏於行，頗具君子之風。

　　直到去年香港秋拍前夕，靜德軒主夜曬朋友圈，一隻色美質佳的康熙豇豆紅印泥盒躍入眼中，正是我覬覦數日之物。於是心有靈犀，知道棋逢對手。立刻致電過去，寒暄數語後開門見山，話入主題。三言兩語，便知靜德軒主奪寶之心甚篤。而我英雄氣短，衹能甘拜下風，慨然允讓。或許衹是順水人情之想，卻也不乏油然而生朋友情長、成人之美之念。臨末還不忘找補一句："兄要盡力拿下，不能半途而廢，更不可功虧一簣。"

　　事後想想，香港大拍場上，處處問鼎之心，是八方諸侯、各路煙塵亮劍之地，龍爭虎鬥，刀光劍影，無限風光在險鋒。自己掛免戰牌退下陣來，卻要求別人必須力挫群雄，拔下頭籌，未免不近情理，有隔山觀虎鬥，看熱鬧不嫌事大之嫌。

　　很快得知靜德軒主果然志篤行堅，以善價得寶。之後更相約分享得寶之樂，頗有相見恨晚之慨，又分享了靜德軒其他眾多藏寶，談興漸濃之際，便有了這場展覽和這本圖冊之約。

　　今日再看這嬌紅嬈綠，竟有旭日朝陽之象。得此一寶，實乃人生快事，而得寶之趣、君子之約，更屬人生樂事。

　　靜德軒及其主人，也當得起這一人生境界和造化：快樂。

　　預祝展覽成功，友情綿長。

　　是爲序。

卞亦文

戊戌深秋於北京

# 小有文章 — 靜德軒藏文房瓷展

## 自序

秋風起，案頭青煙，把酒盈樽話收藏。

生來，似乎就好古。五歲收銅錢，十二歲集郵，十八歲學瓷，正式踏入收藏之路。至二十八歲，人生觀、價值觀發生"扭曲"，認爲從警已影響到了個人收藏，遂義無反顧地辭去了國家公務員職務，從爲人民服務轉變到爲自己服務，將興趣愛好作爲工作、事業，潛心收藏、經營中國古代陶瓷藝術品。是爲獨樂樂，悦己。

中國古代藝術品，是歷代社會昌明、文化發達之結晶，尤其是中國陶瓷的發明及其輝煌成就，對人類社會文化做出過卓越的貢獻。中華文明源遠流長，陶瓷文化一路相伴。一部"中國陶瓷史"既是中華民族發展史的縮影，也是中華民族文化藝術傳播、傳承的重要載體。

中國陶瓷按照功用性質，愚以爲可分爲兩類，一是供人們生活所需之用品，諸如盤、碗、杯、碟等。二是滿足人們精神、人文、風雅之欲，如筆、硯、洗、花器之類，是爲文房瓷。

吾父爲文人，自幼受其影響，喜愛文化。因出生於偏遠大西北，自小深知唯有文化能夠解放自我，令我走出大山，改變命運，遂自幼拼命讀書。至收藏中國陶瓷藝術品，在選擇器型門類時，偏愛文房器，因文房器爲讀書之器、文人之器。故文房器作爲個人收藏、經營之重要門類之一，鍾愛至今。

何爲收藏，古今各個時代對其已多有概述，仁者見仁，智者見智。時至物質、精神文明高度發達之今日，愚以爲，收藏是一種精緻、優雅的生活方式。國富民强之時，酒足飯飽之後，體乏心疲之際，盆滿缽盈之時，心富神爽之態，偷得浮生半日閑，縱情詩酒，品茗焚香，三兩好友，拿出幾件珍愛美器，置於案頭，欣賞、把玩，頓時凡世之塵囂、人事之煩躁，煙消雲散，神形俱爽。何爲收藏？何爲優雅？收藏即是優雅，優雅就該收藏。

古代文人，他們有着開闊的知識視野，精深的文章學問，較高的藝術品位，萬裏挑一的有趣靈魂，他們參與藝術創作，引領社會潮流。

書房是功名的起點，也是功名的落腳點。

書齋清供，文房雅器，是歷代文人士大夫尋求精神解放與升華的載體，亦是歷代文人士大夫留下的寶貴藝術財富。小巧精緻，恰恰小器著文章。文房之品，美器如佳人，文人講究的是器形，追求的是雅緻，迷戀的是線條，鍾情的是味道……何爲味道？大概就是挺拔、飽滿、干淨、整齊、利索、生動、飄逸、秀氣、清新，多一分則肥，減一分則瘦……種種體會。

個人收藏之路，異常崎嶇，卻也是異常快樂。每每收獲一件心愛之物，就如戀愛般美妙。系列收藏如同古時三宮六院，一字排開，各個喜愛，蔚爲壯觀。把玩之餘，感嘆生甚逢時，盛世芳華，中華五千年文明何其壯麗，泱泱大國，何其偉大，愛物愛國之心油然生起。

收藏之樂，在於分享。獨樂樂不如眾樂樂。我們需要做的，最終是傳承文化，傳承祖先留下來的寶貴財富。是次舉辦個人文房瓷展，與其説是對個人收藏、經營主題之一的摸索，不如説是抛磚引玉，借此分享文房瓷的趣味，展示文房瓷的魅力，探討文房瓷的玩法，博請各位方家多批評指正，眾樂樂，是爲悦人。

所藏文房瓷，甚愛一件康熙青花十八學士文會圖筆筒。筒形飽滿挺拔，線條俊朗，拉胚成型嫻熟有力，可謂直上直下，瓜瓜筆挺。通體滿繪十八學士文會圖，康熙青花獨步本朝，墨分五色，層次分明，人物刻畫栩栩如生，或對弈，或撫琴，或品香，或吟詩，或書法，縱情世外，悠然自得，體現了康熙盛世社會安定、經濟繁榮，文人士大夫盡情享樂之高雅生活。且文會圖畫片落於文房筆筒之上，愚認爲是文房佳器中型、畫、品完美結合之佳品。北京故宮博物院藏一同風格畫片康熙筆筒，繪畫風格筆法極爲相似，故推斷應爲同一畫師所爲。

清嘉慶青花金紅彩龍紋"懋勤殿"大印盒，利於大型璽印鈐用，爲清宮懋勤殿鈐用寶璽所特製專用，係嘉慶四年（1799）之前，乾隆皇帝身爲太上皇訓政時期，爲嘉慶皇帝御用而製。殊爲珍貴。

明萬曆青花五彩龍鳳紋筆船，爲萬曆朝名品佳作，存世殊罕，器型少見，造型別致。青花五彩繪龍鳳紋，畫風豪曠，設色分明，龍主陽爲天，鳳主陰爲地，並輔以華麗富貴之紋飾，爲萬曆宮廷御用之精品。

唐三彩香盒，器型飽滿，尤爲精美，既有大唐豐盈之態，又兼具清瓷般秀麗規整，無半點粗糙之感。唐三彩在裝飾藝術上成功之處在於，它突破了以往單色釉的局限，運用多種釉色裝飾器物，取得了華麗非凡的藝術效果，巧妙利用釉彩的自然流動，盡顯其獨到突出之處。"三彩掛藍，價值連城"，此物尤甚，以藍釉爲地，鋪滿白、黃彩花，猶如湛藍星空，桂花綻放，幽香遍地，賞心悅目，盡顯大唐盛世氣象，遠非明清官窯同類盒可比擬。

五代越窯青瓷刻龍紋蓋盒，與紐約大都會博物館所藏越窯青瓷刻龍紋碗紋飾、表現形式可謂一致，堪稱一流，代表了越窯瓷燒製的最高水平。

……所喜之器甚多，不一一贅述。

收藏之路漫漫，我們需要不停地在路上，邊走邊摸索，什麼該玩兒，該怎麼玩兒，我們一起去探討。

是此展覽，蒙卞亦文先生及其北京中漢團隊傾力相助，不辭辛苦，對照實物，查閱資料，旁徵博引，一場嚴謹的非商業性展覽纔得以呈現，衷心感謝！

展覽圖錄蒙國家圖書館出版社予以出版，呈於業界；又得中國古陶瓷學界泰斗耿寶昌先生題寫書名；著名表演藝術家、收藏家王剛先生撥冗賜序，令展覽圖錄增色添彩，萬分感謝！

是此展覽，過於匆忙，紕漏、粗糙、錯謬之處在所難免，敬請業界指正批評。有遺憾，更有期待，意猶未盡，定當再接再厲。

王德元
2018年10月22日夜

# 明崇禎 青花洗象圖筆筒

來源：上海敬修堂舊藏

崇禎青花筆筒往往佈局舒朗，構圖清雋，所繪物事簡略傳神，筆墨寥寥。而畫面熱鬧細膩、筆墨縟麗如此件洗象圖大筆筒者，不爲多見。

該筆筒形制高峻，直口，口底尺寸相若；口沿及近足處暗刻纏枝花卉紋，外壁青花通景繪洗象圖，寶象身軀龐大健碩，略呈回首之姿，背覆蓮花，象奴立於蓮花之上，引空中之水灑掃象身；其下左側一僧身披袈裟，右手持錫杖，微微躬身，神態恭和；右側一老僧雙掌合十於象奴身後觀看。兩名象奴或手持勾杖，或手持棕帚刷掃大象腳掌，神態虔誠。左側一奴持布，身後爲水井及水桶，另側一奴持旗而立。畫面人物皆圍繞寶象，神情虔誠謙恭，身側遠山疊嶂，雲霧繚繞，兼飾芭蕉矮木，鬱鬱蔥蔥，景飾生動，佛韻悠揚。

洗象之俗由來已久，明代初年太祖擬定朝儀中使用象輅，以供朝會陳列、駕輦、馱寶之事。明崇禎劉侗《帝京景物略》載："三伏日洗象，錦衣衛官以旗鼓迎象，出順承門（即宣武門）浴響閘，象次第入於河也，則蒼山之頹也。額耳昂，回鼻舒叫，吸噓出水面，矯矯有蛟龍之勢。象奴挽素據脊，時時出沒其髻，觀者兩岸各萬眾，面首如鱗次貝編焉。"

晚明之際，掃象圖蔚然風行，此時佛教興盛，禪宗主張破除一切名相的執著，"象""相"同音，"掃象"即"掃相"，《金剛經》云："凡所有相，皆是虛妄，若見諸相非相，即見如來。""掃象"或"洗象"因此被賦予濃郁的佛教意蘊。以丁雲鵬、崔子忠爲代表的一批著名畫家便據此繪掃象圖、洗象圖，此一題材亦爲當時盛行的版畫、瓷繪所援用，本品所繪紋樣即由此而來。

**贊曰**：觀花匪禁，吞吐大荒，由道返氣，處得以狂，天風浪浪，海山蒼蒼，真力彌滿，萬象在旁。

# A BLUE AND WHITE "ELEPHANT" BRUSHPOT
## Period of Chongzhen, Ming Dynasty

**PROVENANCE**
Previously from the Collection of Shanghai Jingxiu Tang
17.8 cm. Diam;25.6 cm. Height.

小有文章

壹

贊曰

觀花匝禁
吞吐大荒
由道迤氣
處得以狂
天風浪浪
海山蒼蒼
真力彌滿
萬象在旁

明崇禎 青花人物故事圖筆筒

明末清初，景德鎮製瓷業出現了嶄新的風貌，瓷器裝飾紋樣多蘊涵濃厚的文人氣息，題材特別，內容豐富，開一代未有之奇。瓷製筆筒大量出現，其紋飾題材刻意迎合文人喜好和社會風尚需求，以人物故事題材最具特色，體現出高超的瓷繪敍事能力和鮮明的文人意趣。

筆筒直壁束腰，胎體堅實，釉色清潤，通體以青花爲飾，發色豔麗明快。繪人物故事圖，仕女持笤帚清掃庭院，回首與男子笑語，眉目傳情，神態刻畫細膩傳神，筆法流暢凝煉，輔以庭院、山石掩映，流雲環繞，均呈飄逸括弧狀，口沿及近足處飾以暗刻卷草紋，時代特徵鮮明。

**贊曰**：舞餘山青，紅杏在林，月明華屋，畫橋碧陰；載瞻星辰，載歌幽人，流水今日，明月前身。

## A BLUE AND WHITE "FIGURAL" BRUSHPOT
### Period of Chongzhen, Ming Dynasty

11.1 cm. Diam; 18.4 cm. Height.

明崇禎 青花人物故事圖筆筒

貳

贊曰

舞餘山青
紅杏在林
月明華屋
畫橋碧陰
載瞻星辰
載歌幽人
流水今日
明月前身

## 清康熙 青花《後赤壁賦》大筆筒

來源：紐約佳士得，2007年3月22日，編號324
款識："文章山斗"四字雙行楷書款

青花《赤壁賦》筆筒爲康熙瓷製筆筒中的經典名品，體現了當時的社會文化和製瓷風尚，存世有一定數量，但發色明豔、品質上乘者不爲多見。筆筒直壁，線條流暢挺括，玉璧底，胎骨堅緻，釉色溫潤。一面以原賦中"攜酒與魚、復遊赤壁之下，江流有聲、斷岸千尺，山高月小，水落石出"意境作夜遊赤壁圖。絕壁懸松下，蘇東坡、黃庭堅與佛印三人乘船賞月，船首火爐烹茶，船尾漁家夫婦合力撐船，船中桌案上食盒杯箸羅列，細節交代清晰明楚，人物特徵鮮明傳神，一派清風朗月、塵埃不染的風雅氣息。另一面以青花楷書《後赤壁賦》全文，筆法工緻雅麗，如行雲流水。尤爲難得的是文末署有具體紀年款："癸酉夏月寫於青雲居雅玩"，癸酉年應爲康熙三十二年，即公元1693年，此件筆筒或可成爲斷代標準器，也爲同時期青花瓷的燒造工藝、鑒賞標準和特徵提供了較爲充分的依據。筆筒底部尚落有青花"文章山斗"四字楷書款，亦可爲其他落有相同款識的康熙青花筆筒的燒製年代提供較爲準確的依據和佐證，誠屬難得。

**贊曰**：夫神思方運，萬塗競萌，規矩虛位，刻鏤無形，登山則情滿於山，觀海則意溢於海，我才之多少，將與風雲而並驅矣。

## A BLUE AND WHITE "ODE TO THE RED CLIFF" BRUSHPOT
### Period of Kangxi, Qing Dynasty

**PROVENANCE**
Christie's New York, 22 March 2007, Lot 324
18.4 cm. Diam;14.7 cm. Height.

是歲十月之望步自雪堂將歸於臨皋二客
送余過黃泥之坂霜露既降木葉盡脫人影
在地仰見明月顧而樂之行歌相答已而嘆曰
有客無酒有酒無肴月白風清如此良夜何客
曰今者薄暮舉網得魚巨口細鱗狀如松江之
鱸顧安所得酒乎歸而謀諸婦婦曰我有斗酒
藏之久矣以待子不時之需於是攜酒與魚復
遊於赤壁之下江流有聲斷岸千尺山高月小
水落石出曾日月之幾何而江山不可復識矣
予攝衣而上履巉岩披蒙茸踞虎豹登虯龍
攀栖鶻之危巢俯馮夷之幽宮蓋二客不能從
焉劃然長嘯草木震動山鳴谷應風起水湧
余亦悄然而悲肅然而恐凜乎其不可留也反
而登舟放乎中流聽其所止而休焉時夜將半
四顧寂寥適有孤鶴橫江東來翅如車輪玄裳
縞衣戛然長鳴掠余舟而西也須臾客去予亦
就睡夢一道士羽衣蹁躚過臨皋之下揖予
而言曰赤壁之遊樂乎問其姓名俛而不答嗚
呼噫嘻我知之矣疇昔之夜飛鳴而過我者非
子也耶道士顧笑余亦驚悟開戶視之不見
其處

五百年來續此遊　水光依舊接天浮
排徊今夜東山月　彷彿當時壬戌秋
有客得魚臨赤壁　無人載酒出黃州
吟成一喟千山寂　孤鶴撗江掉小舟

癸酉夏月寫於
喬清主人

青雲居雅玩

贊曰

夫神思方運　萬塗
競萌　規矩虛位
刻鏤無形　登山則
情滿於山　觀海則
意溢於海　我才之
多少　將與風雲而
並驅矣

款識：蝴蝶花押款

康熙時期，漢文化得到大力弘揚，文風日熾，文人意氣得以稍暢。景德鎮陶業製作了大量迎合文人願景和題材的器物，此筆筒及其紋飾即爲其中典型一例。

筆筒通景繪加官進爵圖，青花發色豔麗，畫工圓熟流暢。所繪人物眾多，文臣、武將、隨從分立香案兩側，神情歡愉，各表其狀，各司其職，加官受爵之人捧旨跪拜案前。加官進爵圖是明清兩代常見繪飾題材，鮮明直率地刻畫了仕宦文人"學得文武藝，賣與帝王家"的心中願望。器底以青花繪飛蝶花押款，頗顯別致。

**贊曰**：鈕金章，縮墨綬，跨屬城之雄，冠百里之首，張英風於海甸，馳妙譽於浙右，希蹤三輔豪，馳聲九州牧。

## A BLUE AND WHITE BRUSHPOT
Mark of "butterfly"; Period of Kangxi, Qing Dynasty

16.9 cm. Diam; 16.8 cm. Height.

清康熙 青花加官進爵圖筆筒

肆

贊曰

鈕金章　縮墨綬

跨屬城之雄

冠百里之首

張英風於海甸

馳妙譽於浙右

希蹤三輔豪

馳聲九州牧

## 清康熙 青花十八學士雅集圖筆筒

展覽：雄奇昳麗 ── 十七世紀青花與五彩瓷特展，北京，2017年，編號85
出版：《雄奇昳麗 ── 十七世紀青花與五彩瓷特展》，北京工藝美術出版社，
　　　2017年，頁238－239，圖版85
款識："大明成化年製"六字三行楷書款

筆筒紋飾與故宮博物院藏康熙青花文人雅集圖筆筒畫意相類，均爲當時流行的瓷繪人物題材。

外壁通景繪十八學士雅會圖，輔以芭蕉、竹石等景狀。群賢畢至，少長咸集，雅聚和風惠暢日，文會山水庭院中，翩然成琴棋書畫之景，一派悠然恬淡的世外情懷。傳移模寫，因物象形，意境悠遠，氣韻生動，青花發色雅麗，文人氣息濃郁，實屬康熙瓷繪文房佳品。

十八學士爲唐貞觀年間人，因唐太宗李世民開文學館，收聘賢才，而受到延攬，閻立本曾繪《十八學士寫真圖》，後成爲中國繪畫的傳統題材。清初滿族政權爲籠絡漢人士大夫階層，於康熙十七年（1678）開博學鴻儒科，採用薦舉與考試相結合的方法，效仿唐太宗，招賢納士，在此社會背景下，於瓷器上繪製文人學士圖成爲一時風尚。

唐十八學士爲杜如晦、房玄齡、于志寧、蘇世長、薛收、褚亮、姚思廉、陸德明、孔穎達、李玄道、李守素、虞世南、蔡允恭、顏相時、許敬宗、薛元敬、蓋文達、蘇勖等十八人。

**贊曰**：生者百歲，相去幾何，何如尊酒，日往煙蘿，倒酒既盡，杖藜行歌，孰不有古，南山峨峨。

## A BLUE AND WHITE "SCHOLARS" BRUSHPOT
Mark of Chenghua, Ming Dynasty; Period of Kangxi, Qing Dynasty

**EXHIBITION**
Commissioned Landscapes: Blue & White Enamelled Porcelains of the Seventeenth Century, Beijing, 2017, Lot 85
**PUBLICATION**
*Commissioned Landscapes: Blue & White Enamelled Porcelains of the Seventeenth Century*, Beijing Arts & Crafts Publishing House, Beijing, 2017, p. 238-239, fig. 85
18 cm. Diam; 15 cm. Height.

小青文房

伍

贊曰

生者百歲

相去幾何

何如尊酒

日往煙蘿

倒酒既盡

杖藜行歌

孰不有古

南山峨峨

## 清康熙 釉下三彩山水人物圖筆筒

款識："大明成化年製" 六字雙行楷書款

釉下三彩是最具康熙時代特
色的瓷器裝飾工藝之一，集
彩繪和浮雕工藝於一身，燒
造難度較大，紋飾多數具有
鮮明的文人氣息，形制豐
富，成品傳世雖有一定數
量，但品質上佳者不爲多
見，此筆筒即爲其中之一。
筆筒口沿外撇，施以一圈醬
釉，收腹束腰，筒身以釉下
三彩飾漁舟唱晚、高士尋芳
圖景。山石亭臺，漁舟泛
波，蒼松古樹，高仕行吟，
一派雋雅氣象。

**贊曰**：綠衫野屋，落日氣清，脱巾獨步，時聞鳥聲；坐中佳士，
左右修竹，鴻雁不來，之子遠行，所思不遠，若爲平生。

AN UNDERGLAZE BLUE, COPPER-RED, AND
CELADON-GLAZED "LANDSCAPE" BRUSHPOT
Mark of Chenghua, Ming Dynasty; Period of Kangxi,
Qing Dynasty

10.5 cm. Diam; 12.8 cm. Height.

清康熙　釉下三彩山水人物圖筆筒

陸

贊曰

綠衫野屋
落日氣清
脫巾獨步
時聞鳥聲
坐中佳士
左右修竹
鴻雁不來
之子遠行
所思不遠
若為平生

## 清康熙 烏金釉青花魁星點斗圖筆筒

"魁星點斗"為康熙時期文房器皿的常見題材，傳說魁星是個才子，曾連中三元（解元、會元、狀元）卻因貌醜驚嚇了皇后被亂棍逐出皇宮，憤而跳入東海，玉皇深憫其人，賜朱筆一支，命其掌管人間科舉文運。於是，天下讀書人都供奉起"魁星爺"來，以便圖個吉利，相信魁星點斗可使家人"試"途光明，獨佔鰲頭，倍享讚譽。清初之際，經過順治時期的過渡，政權已漸趨穩定，此時瓷業製作展現出嶄新的時代風貌，諸多紋飾蘊涵著濃厚的文人意願，此筆筒即為一例。

筆筒直壁深腹，玉璧底，胎體堅固，手感沉實。內壁滿施白釉，外壁烏金釉為地，間以青花繪魁星點斗圖。魁星均怒髮豎立，上身袒胸，瘦骨嶙峋，下著短袴，腰際系結，帛帶繞臂迎風翻卷而下，左手捧墨斗，右手持朱筆，右腳或點地，或踏梅，左腳揚起後踢。畫工生動傳神，筆法流暢爽利，青花發色濃豔，烏金釉色如黑漆，光潤透亮，屬同類器中品質上乘者。

**贊曰**：淵雲之墨妙，嚴樂之筆精，金閨之諸彥，蘭台之群英，賦有淩雲之稱，辯有雕龍之聲。

## A MIRROR-BLACK GLAZED BRUSHPOT
Period of Kangxi, Qing Dynasty

18.4 cm. Diam; 15.3 cm. Height.

贊曰

淵雲之墨妙

嚴樂之筆精

金閨之諸彥

蘭臺之群英

賦有淩雲之稱

辯有雕龍之聲

039

清康熙 五彩花鳥「喜相逢」圖筆筒

康熙五彩冠絕一時，以獨特的畫風和藝術表現力爲世人所重，後世難以企及。恰如《匋雅》所言："康熙彩之顏料，因非後世所常有。論其畫手高妙，不但官窯器皿髣髴王惲，即平常客貨，亦莫不出神入化，波瀾老成。"如斯情態，由此筆筒可窺見一二。

直筒形，口底相若，玉璧形底。器壁繪折枝花蝶紋，折枝花嬌豔含苞，葉脈舒卷有力，雙蝶靈動翩飛，似有不勝之喜，故名爲"喜相逢"。設色鮮麗，繪工生動雅潔，氣息典雅華美而不失靈動灑脫，誠爲康熙五彩文房佳器。

**贊曰**：譬諸裁雲製霞，不讓乎天公，斫卉刻葩，有同乎神匠矣。

A WUCAI "FLOWERS AND BIRD" BRUSHPOT
Period of Kangxi, Qing Dynasty

14 cm. Height.

清康熙　五彩花鳥「喜相逢」圖筆筒

捌

贊曰

譬諸裁雲

制霞　不讓乎

天公

斫卉刻葩

有同乎

神匠矣

043

來源：牧心齋舊藏
出版：《牧心齋清祿集》，文物出版社，2014年，頁60-65.

明清以降，瓷質文房器皿以仿官、哥釉者爲上品，
頗受文人審美趣味所追捧。其中釉色古雅靜潤、造
型別致者尤爲難得，傳世不爲多見，此仿官釉筆筒
即爲其中一例。

筆筒呈天然古樹瘤形，隨形口，通體施仿官釉，釉
色清澈瑩潤，薄釉處透出略帶黃色的胎骨，器身滿
布大冰裂紋，疏密有致，頗合"小器大開片"之
範，雖屬人爲，宛若天成。古拙流暢的輪廓線條與
古意紛呈的紋片相互映襯，氣息婉約自然，完美詮
釋了宋人所崇尚的純淨天然之美。

官窯爲宋器之精粹，以其獨特的美感深受後世喜
愛，明代景德鎮就已經開始仿造，晚明張謙德《瓶
花譜》贊曰："尚古莫如銅器，窯則柴、汝最貴而
世絕無之，官、哥、宣、定爲當今第一珍品。"袁
宏道《瓶史》記述："嘗見江南人家所藏舊觚，青
翠入骨，砂斑垠起，可謂花之金屋。其次官、哥、
象、定等窯細媚滋潤，皆花神之精舍也。"至清代
慕古之風更勝，官窯器物多又取法宋器，仿造更是
達到頂峰，不僅繼承了宋代官窯特徵，在造型上更
是突破了宋代官窯器形範圍，出現了許多清代流行
的器型，如仿生瓷在清乾隆時期一度蔚然成風。以
官窯釉色之純美而賦予其仿生自然之形，惟妙惟
肖，美不勝收。

**贊曰**：素處以默，妙機其微，飲之太和，美曰載歸；遇之匪深，即之
愈希，脫有形似，握手已違。

## A GUAN-TYPE "TREE BARK" BRUSHPOT
### Early Qing Dynasty

**PROVENANCE**
Previously from the Collection of Muxinzhai
**PUBLICATION**
*Scholar's Art from Muxinzhai*, Cultural Relics Publishing House, 2014, p. 60-65.
10.6 cm. Height.

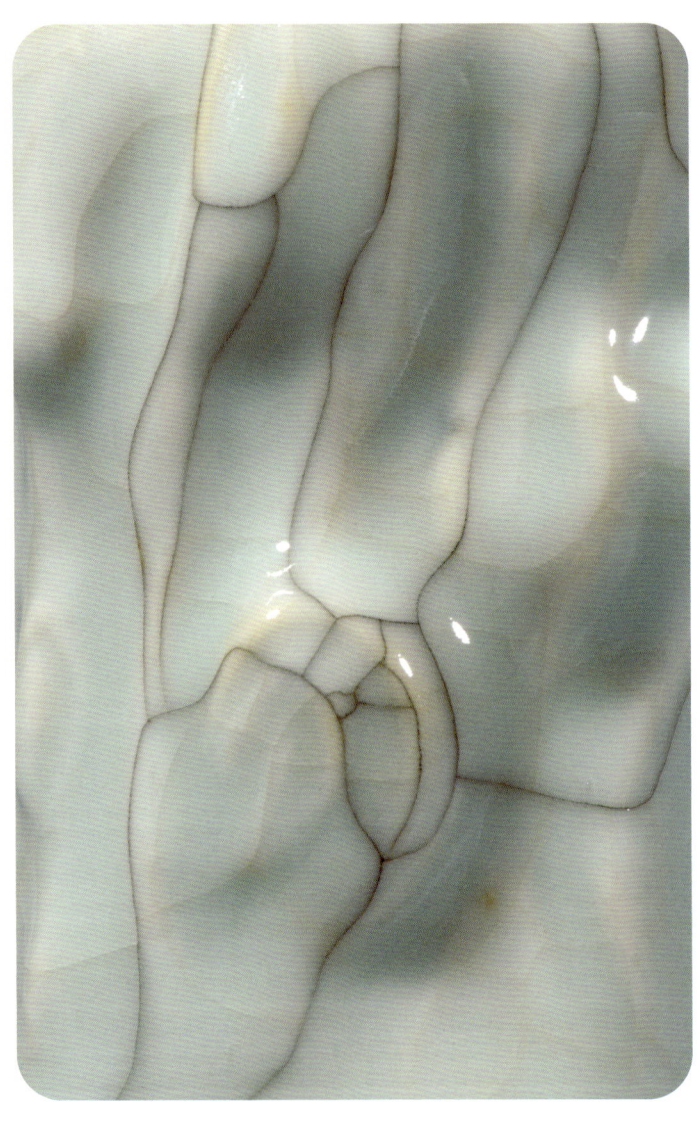

贊曰

素處以默

妙機其微

飲之太和

美曰載歸

遇之匪深

即之愈希

脫有形似

握手已違

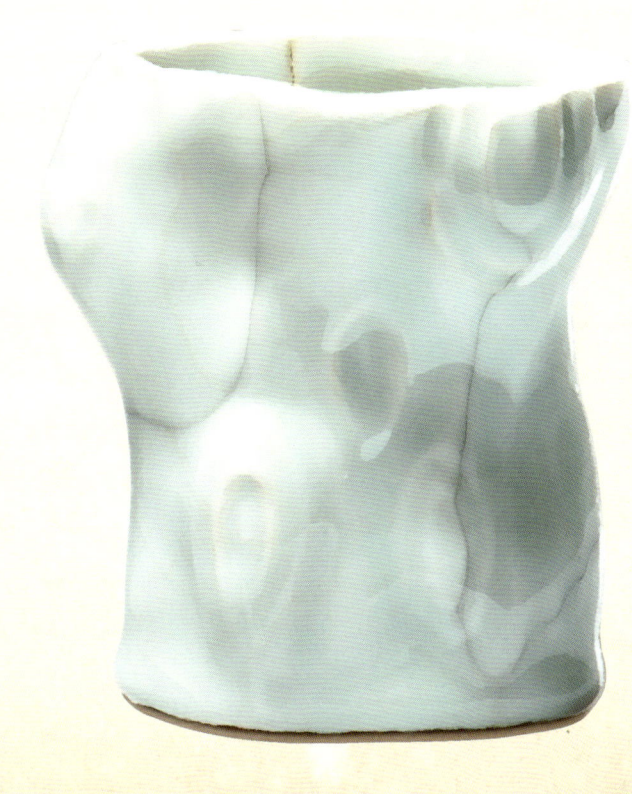

## 清早期 爐鈞釉虬幹形筆筒

作爲追摹宋鈞窯變之餘緒，爐鈞釉盛行於雍正、乾隆二朝，因低溫爐內燒成仿鈞釉彩而得名。《南窯筆記》載："爐鈞一種，乃爐中所燒，顏色流淌中有紅點者爲佳，青點次之。"

此筆筒以瓷胎仿古樹癭木虬曲之形，外壁如老幹盤結凹凸，意趣天成，盡得枯樹之妙。通身施爐鈞釉，釉面自然流淌，隨形肆意，形成長短不一的垂流條紋，或似山嵐雲氣糾結交錯，或同五彩斑斕之雀翎羽，色如漣漪，如傾碧波，賞心悦目。

**贊曰**：白鹿貞松，青牛文梓，根柢盤魄，山崖表裡，載癭銜瘤，藏穿抱穴，乃有拳曲擁腫，盤坳反覆，熊彪顧盼，魚龍起伏，匠石驚視，公輸眩目。雕鐫始就，剞劂仍加，平鱗鏟甲，落角摧牙。重重碎錦，片片真花，紛披草樹，散亂煙霞。

A "ROBIN'S-EGG" GLAZED "TREE BARK" BRUSHPOT
Early Qing Dynasty

10.5 cm. Height.

清早期 爐鈞釉樹瘤形筆筒

拾

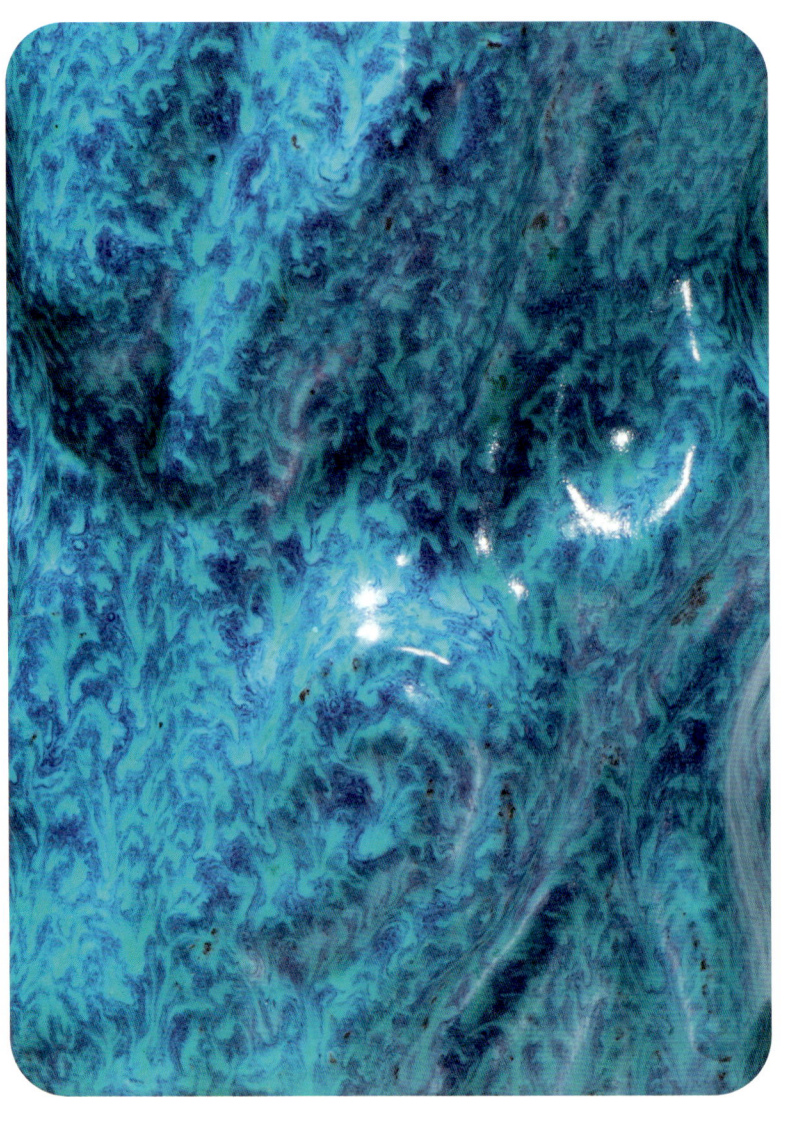

贊曰

白鹿貞松 青牛文梓

根柢盤魄 山崖表裡

載癭衘瘤 藏穿抱穴

乃有拳曲擁腫 盤坳反覆

熊彪顧眄 魚龍起伏 匠石

驚視 公輸眩目 雕鐫始就

刳剔仍加 平鱗鏟甲 落角

摧牙 重重碎錦 片片真花

紛披草樹 散亂煙霞

仿哥釉因備受明、清兩代文人青睞，而成爲景德鎮窯業主流產品，追摹紫口鐵足、金絲鐵線之古韻，本品即爲一例。

筆筒直壁，口底相若，玉璧底，造型古樸，氣息典雅。通體施仿哥釉，釉色清潤，玻璃質感較強，金絲鐵線，錯落有致，渾然天成，清晰流暢，正是"小器開大片"之典範，置於案頭，文趣盎然。

**贊曰**：故能藏穎詞間，昏迷於庸目，露華色外，驚覺乎妙心。

A GE-TYPE BRUSHPOT
Early Qing Dynasty

13.3 cm. Height.

清早期　仿哥釉筆筒

小什之羊

拾壹

053

贊曰

故能藏穎

詞間　昏迷

於庸目

露華色外

驚覺乎妙心

清早期　鐵銹花釉筆筒

鐵銹花釉是清代色釉逸品，較少使用，每每成器，往往別具一格，妙趣橫生。筆筒造型沉穩，通體施鐵銹花釉，釉色呈斑駁深赭褐色，間雜鐵灰色金屬斑。

鐵銹花釉據説是雍正時期所創新品種，爲高溫鐵結晶釉，釉面呈色以黑褐色爲主，釉層中閃現紫、紅、褐等光澤，並有鐵結晶形成的絲紋或斑點，泛金屬光，其變化自然，意趣天成，視覺衝擊力較強，傳世器不爲多見。

贊曰：猶礦出金，如鉛出銀，超心煉冶，絕愛淄磷。

A IRON-RUST-GLAZED BRUSHPOT
Early Qing Dynasty

12.2 cm. Height.

清早期 鐵銹花釉筆筒

拾貳

贊曰

猶礦出金

如鉛出銀

超心煉冶

絕愛淄磷

來源：英國 Bluett & Sons 舊藏

時代特徵鮮明，工藝出類拔萃，堪稱中國青瓷史上的雄器俊品。盒蓋所飾威龍，是大唐帝國恢弘張揚、吞吐八荒的曜目餘輝，承前啟後，餘威所及，也成爲趙宋官家紋樣中唯一具有雷霆氣勢的皇家圖騰。

越窯生產青瓷歷史長久，陸龜蒙有詩寫到"九秋風露越窯開，奪得千峰翠色來。"該詩句成爲稱頌越窯青瓷的千古絕唱。茶聖陸羽首推越窯，"越州上，鼎州次"，將越窯的地位推向時代極致。

扁圓盒形，平蓋，上下子母口扣合，通體施青釉，釉水清潤深沉，接近秘色，盒面模印刻劃海浪龍紋，銳爪凌厲跋張，先聲奪人，龍身矯健俊拔，氣勢恢弘張揚，刻工凝煉峻利，一氣呵成。

贊曰：大用外腓，真體內充，返虛入渾，積健爲雄；具備萬物，橫絕太空，荒荒油雲，寥寥長風；超以象外，得其環中，持之匪強，來之無窮。

# A LARGE YUE "DRAGON" BOX AND COVER
Five Dynasties

**PROVENANCE**
Previously from the Collection of Bluett & Sons
14.6 cm. Diam.

小有之年

拾叄

贊曰

大用外腓
真體內充
返虛入渾
積健為雄
具備萬物
橫絕太空
荒荒油雲
寥寥長風
超以象外
得其環中
持之匪強
來之無窮

唐代　藍地三彩花卉紋蓋盒

來源：英國 Bluett & Sons 舊藏

業內舊語：三彩掛藍，價值連城。意味
唐三彩器物中加藍彩者極爲稀少，此件
蓋盒就是其中之罕見小品。

唐三彩始燒於唐高宗時期，玄宗開元、
天寶年間是三彩器發展的頂峰時期，這
時三彩種類繁多，造型生動優美，釉色
絢麗多彩。

蓋盒小巧盈握，或爲當時閨中粉盒。子
母口，胎體堅實。施釉勻潤瑩亮，器身
以鈷料藍彩爲地，其間以黃、白彩點綴
花卉紋，色塊形態錯落有致，隨意不
定，妙趣橫生。

瓷器上以鈷爲原料的藍彩或出現在初唐
時期，常見彩飾有綠、黃、赭、褐、白
等顏色，此盒以鈷料藍彩爲地，且製作
工藝精細，實屬少見。玫茵堂藏唐河
南鞏縣窯藍褐黃釉花卉紋蓋盒與本品造
型、紋飾及工藝相類，可資參閱。

贊曰：春草碧色，春水綠波，秋露如珠，秋月如珪，與子之別，思心徘
徊；惜瑤草之徒芳，慚幽閨之琴瑟，愁縈翠眉斂，啼多紅粉漫。

## A BLUE-GROUND SANCAI "FLORAL" BOX AND COVER
### Tang Dynasty

**PROVENANCE**
Previously from the Collection of Bluett & Sons
9 cm. Diam.

唐代　藍地三彩花卉紋蓋盒

拾肆

贊曰

春草碧色

春水綠波

秋露如珠

秋月如珪

與子之別

思心徘徊

惜瑤草之徒芳

慚幽閨之琴瑟

愁縈翠眉斂

啼多紅粉漫

明
萬
曆
　
青
花
江
崖
海
水
雙
龍
搶
珠
紋
長
方
蓋
盒

款識："大明萬曆年製"六字雙行楷書款

此盒紋飾可大量見於同時期製作的宮廷漆器。晚明嘉靖、萬曆御窰燒造了大量瓷盒，形制各異，多數以龍鳳爲主題紋飾。瓷盒易損碎，搬移挪動不便，因此與漆盒不同，日常實用意義不大，多數用以陳設裝飾，擺放小件玩器爲主。清宮陳設檔中有大量瓷盒陳設記述，盒內多放置海螺、小金錠、金幣、別致銅錢等碎小玩器。

盒蓋呈委角長方形，以青花爲飾，蓋及盒身子母口沿飾回紋，下承一週纏枝花卉紋圖案。蓋面以雙龍搶珠紋爲主題紋飾，雙龍張牙舞爪圍繞火珠、騰躍海上，一爪前伸，一爪後探，身軀矯健，動感強烈，龍體明顯比前朝稍長，或寄意長壽。如意形雲紋漫天，下方是波濤洶湧的江崖海水，壽山兀起，寓意"壽山福海"，畫面氣勢恢弘，構圖飽滿，繁而不亂。是器青花與前朝所用回青不同，發色轉趨沉穩雅麗，屬於萬曆晚期工藝較爲細緻的宮廷用瓷。

贊曰：龍鳳以藻繪呈瑞，虎豹以炳蔚凝姿，雲霞雕色，有逾畫工之妙，草木賁華，無待錦匠之奇，夫以無識之物，鬱然有彩，有心之器，其無文歟？

# A BLUE AND WHITE "DRAGON" BOX AND COVER
## Mark and period of Wanli, Ming Dynasty

24 cm. Lengh;15.2 cm. Width.

小有之年

拾伍

贊曰

龍鳳以藻繪呈瑞
虎豹以炳蔚凝姿
雲霞雕色 有逾畫
工之妙 草木賁華
無待錦匠之奇
夫以無識之物
鬱然有彩 有心
之器 其無文歟

來源：Frank Caro（盧芹齋繼承人，紐約，1960年代）舊藏
　　　詹姆斯‧桑頓醫生舊藏
展覽：德州聖安東尼奧美術館，1984-2017年
款識："大清康熙年製"六字三行楷書款

豇豆紅釉由於燒造難度較大，因此少有大件器，多數是文房案頭小件賞玩器物，均爲康熙朝宮廷御用、御賞之物。

光緒以前並無"豇豆紅"之説，統稱其爲霽紅，乾隆朝《活計檔》中有以康熙款"霽紅小盒"裝配"百什件"的記録，所指即爲此類豇豆紅印泥盒。光緒三十二年（1906）後，清宮檔案方現"江豆紅"之記載，當屬受同期文人筆記中命名之影響。

傳世康熙豇豆紅器物中，印泥盒較爲少見，且多數發色晦暗駁雜，殷紅潤目者存世寥寥，如本品之鮮熾流麗、明豔動人者更屬鳳毛麟角。

印泥盒呈扁圓形，蓋面與盒身以子母口相合，器型飽滿靈巧，胎質潔白堅實。外壁滿施豇豆紅釉，釉面光潔瑩潤，發色絢麗奪目，大片紅綠融幻交錯，如紅霞掩現朝霧之中，綠氳噴薄蕩漾，迴旋暗湧，釉色變化神妙無方，極富動感，難能可貴，同類器中可謂無出其右者。

贊曰：日月疊璧，以垂麗天之象，山川煥綺，以鋪理地之形，仰觀吐曜，俯察含章，吟詠之間，吐納珠玉之聲，眉睫之前，卷舒風雲之色，爲五行之秀，實天地之心。

# A PEACHBLOOM-GLAZED SEAL PASTE BOX AND COVER
## Mark and period of Kangxi, Qing Dynasty

**PROVENANCE**
Previously from the Collection of Frank Caro (a descendant of C.T. Loo)
The Dr. James D. Thornton Collection
**EXHIBITION**
General Collection of San Antonio Museum of Art, Texas, 1984-2017
7.2 cm. Diam.

清康熙　豇豆紅釉印泥盒

拾陸

贊曰

日月疊璧
以垂麗天之象
山川煥綺
以鋪理地之形
仰觀吐曜
俯察含章
吟詠之間
吐納珠玉之聲
眉睫之前
卷舒風雲之色
為五行之秀
實天地之心

來源：波士頓艾比蓋兒‧亞當斯（約翰‧昆西‧亞當斯後人）舊藏
展覽：不惑，編號35，佳士得上海安培洋行，2014年
款識："大清嘉慶年製"六字三行篆書款

大尺寸印泥盒，其盒體直徑逾20公分，遠較常見璽印盒直徑5.5-12.5公分為大，其寬大扁圓盒身所盛印泥平淺，尤其利用大型璽印鈐用，為清宮懋勤殿鈐印寶璽所物製專用。此一品種目前已知者計五件，除本品外，另外四件分別為故宮博物院藏品、1976年紐約蘇富比中國瓷器工藝品專場第322號拍品、1982年香港蘇富比中國瓷器工藝品專場拍賣第163號拍品、1985年紐約蘇富比"暫得樓所藏瓷器專場拍賣"第77號拍品。

印泥盒製作工藝複雜，首先於坯胎上暗刻龍紋和"懋勤殿"篆章輪廓，然後據此以鈷料線描祥雲，施釉入窯高溫燒成釉下青花，其後以礬紅彩釉上勾勒暗刻紋飾，再以純金粉拼入紫銅，製成御用"佛赤"金彩平塗龍身，並加濃度更高的金水描繪龍鱗、面部、龍爪。燒成後以瑪瑙筆打磨金彩，盡現龍身金彩立體層次。盒內施低溫白彩，蓋、盒內壁邊緣均刻中國古代數字花碼。印泥盒所飾龍紋三爪，與盒底"大清嘉慶年製"款識相配，表明系嘉慶四年之前，乾隆皇帝身為太上皇訓政時期，為嘉慶皇帝御用而製。

懋勤殿，位於紫禁城內乾清宮西廂，為存放當朝正在使用的寶璽之場所。始建於明嘉靖十四年（1535），"取懋文勤武之義，故以貯典籍文房"。據沈初《西清筆記》卷四記載："御用銅、玉、凍石印章，皆貯懋勤殿，有《寶藪》一冊，每遇御筆書畫發下，用寶諸臣擇印章字句合用者，位置左右，以令工人"。清代乾隆、嘉慶二位皇帝常在此批閱奏本、鑒賞書畫。據《國朝宮史續編》："嘉慶間《寶藪》一冊，所載寶璽多至九百餘方，貯懋勤殿"。因此在清代，每當內府書畫鑒定之後，都要將其交到懋勤殿鈐印寶璽。同時自乾隆九年起，在懋勤殿中編修《石渠寶笈》、《天祿琳琅》、《秘殿珠林》、《西清古鑒》等書，尤其嘉慶即皇帝位後，《秘殿珠林》、《石渠寶笈》三編的編纂工作均在懋勤殿完成，或即本品製作之緣起。

贊曰：行神如空，行氣如虹，泰嶽千乘，走雲連風；飲真如強，蓄素守中，喻彼行健，是謂存雄；天地與立，神化攸同，期之以實，御之以終。

# A LARGE IRON-RED AND UNDERGLAZE-BLUE "DRAGON" SEAL PASTE BOX AND COVER
Mark and period of Jiaqing, Qing Dynasty

**PROVENANCE**
Previously from the Collection of Abigail Adams (a descendant of John Quincy Adams), Boston
**EXHIBITION**
No Doubts, Christie's Shanghai Ampire Building, 2014, Lot 35
22 cm. Diam.

贊曰

行神如空
行氣如虹
泰嶽千乘
走雲連風
飲真如強
蓄素守中
喻彼行健
是謂存雄
天地與立
神化攸同
期之以寶
御之以終

展覽：不惑，編號31A，佳士得中國上海安培洋行，2014年

款識："大明萬曆年製"六字單行楷書款

文房四寶以筆爲首，多以竹、木爲管，瓷質筆管沉重易損，一般僅作觀賞陳設之用，體現清貴意趣，其觀賞趣味性高於實用性。明清時期製作有青花、五彩、粉彩乃至鬥彩筆管，素雅雋麗，別具風致，本品即爲一例。瓷製筆管，修長直管式，近筆頭處微斂；通體施透明白釉，上下各描青花弦紋一週，以青花五彩繪嬰戲圖，三兩小童於庭院花草間玩耍嬉戲，童子神態各異，活潑傳神，一派喜慶祥和景象。釉下青花與釉上彩料交相輝映，對比鮮明，清麗雋雅，恰然而現"龍鳳花草各肖形容，五彩玲瓏務極華麗"的藝術效果。

贊曰：才有庸儁，氣有剛柔，學有深淺，習有雅鄭，並情理所鑠，陶染所凝，是以筆區雲譎，文苑波詭者矣；彩筆試操，香箋遂滿，行雲可 ，夢想還勞。

# A BLUE-GROUND POLYCHROME ENAMEL "BOYS" BRUSH
## Mark and period of Wanli, Ming Dynasty

**EXHIBITION**
No Doubts, Christie's Shanghai Ampire Building, 2014, Lot 31A
18.4 cm. Lengh.

明萬曆 青花五彩嬰戲圖瓷筆

拾捌

贊曰

才有庸儁

氣有剛柔

學有深淺

習有雅鄭

並情理所鑠

陶染所凝

是以筆區雲譎

文苑波詭者矣

彩筆試操

香箋遂滿

行雲可託

夢想還勞

# 明萬曆 青花五彩龍鳳紋筆船

來源：Christina Loke Balsara 舊藏

　　　香港佳士得，1988年1月，編號265

　　　鴻禧美術館舊藏

出版：《中國歷代陶瓷選集》，鴻禧美術館，1991年，頁250-251，圖版106

　　　《香港佳士得二十週年回顧1986-2006－中國瓷器及工藝品精選》，香港佳士

　　　得，2006年，頁110-111

款識："大明萬曆年製"六字單行楷書款

　　　筆船屬萬曆御窯五彩罕見名品，前朝稀見，後代近乎絕跡，遂成一代文房絕響，當朝瓷苑名勝。

　　　筆船呈長方形附蓋盒體，倭角，撇口，圈足，內設隔欄，呈峰巒筆架狀，可作擱筆之用，故普遍認爲應屬宮廷御用文房擱筆之用，故名筆船。當時燒造數量不多，傳世更屬罕見。

　　　通體青花五彩爲飾，船內筆擱上方繪一躍龍，下繪龍鳳呈祥紋，內底繪江崖海水，內、外壁均繪龍鳳戲珠祥雲紋。

　　　筆船盛筆，中書君橫臥船內筆擱上，一船之內最多可放置三四管筆。明代屠隆《考槃餘事》中記載了使用方法："此與直方並用，不可缺者。"筆船造型雖典雅華貴，但空間受局限，置筆數量又不可太多，功能性略有欠缺，故逐漸被筆筒所取代，傳世數量極少。

贊曰：青花硯匣，終日隨身，五彩筆床，無時離手，清文滿篋，非惟芍藥之花，新製連篇，甯止蒲萄之賦；秋毫精勁，霜素凝鮮，沾彼瑤波，染彼松煙，超工八法，盡奇六文，鳥企龍躍，珠解泉分，臨危制節，中險騰機，圭角星芒，明麗爛逸，絲縈髮垂，平理端密，君子品之，是最神筆。

## A BLUE-GROUND POLYCHROME ENAMEL "DRAGON AND PHOENIX" PEN BOX
### Mark and period of Wanli, Ming Dynasty

**PROVENANCE**
Previously from the Christina Loke Balsara Collection
Christie's Hong Kong, January 1988, Lot 265
Collection of Chang Foundation
**PUBLICATION**
*Selected Chinese Ceramics from Han to Qing Dynasties,* Chang Foundation, 1991, p. 250-251, fig. 106
*Chinese Ceramics and Works of Art Highlights,* Christie's Hong Kong, 2006, p. 110-111
30.9 cm. Lengh; 11 cm. Width.

小有之罟

拾玖

贊曰

青花硯匣　終日隨身　五彩
筆床　無時離手　清文滿籤
非惟苟藥之花　新制連篇
甯止蒲萄之賦　秋毫精勁
霜素凝鮮　沾彼瑤波　染彼
松煙　超工八法　盡奇六文
鳥企龍躍　珠解泉分　臨危
制節　中險騰機　圭角星芒
明麗爛逸　絲縈發垂　平理
端密　君子品之　是最神筆

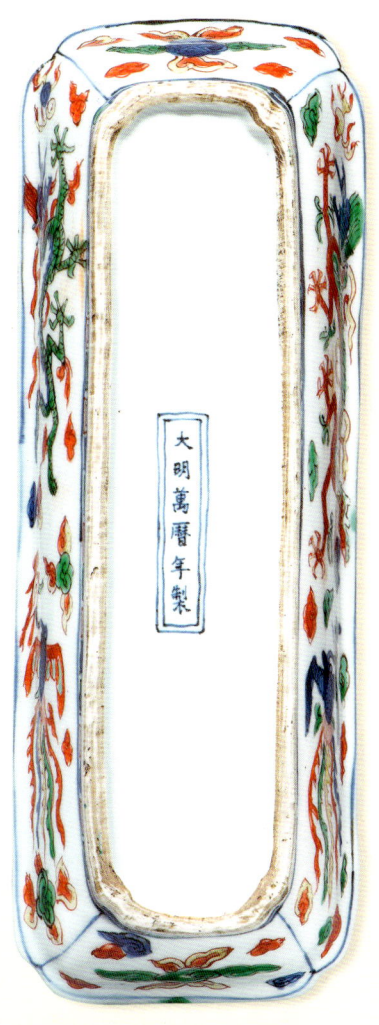

大明萬曆年製

北宋 影青狻猊香薰

來源：安思遠（R. H. Ellsworth）舊藏
　　　紐約布魯克林博物館舊藏
　　　J. J. Lally 舊藏
展覽：紐約布魯克林博物館，2001年起
出版：《早期中國陶瓷器：美國私人收藏展》，J. J. Lally & Co. Oriental Art，2005年

香薰狻猊形蓋，狻猊呈蹲坐姿，尾上翹，大眼闊口，耳外翻，口爲香爐出煙孔，構思巧妙；爐身出沿，直腹，爐腹浮雕獸面，大眼隆鼻，下承雲足。通體施青白釉，瑩透溫潤，積釉處呈淡淡青藍色，殊爲可人。

宋代金石學盛行，好古成風，故香具多仿上古彝器造型，以異獸爲裝飾。狻猊是中國古代神話傳説中龍的九子之一。形如獅，喜煙好坐，故常爲爐鼎之飾。

"狻猊"一詞，最早出現在《穆天子傳》，書曰："名獸使足走千里，狻猊、野馬走五百里"；《爾雅・釋獸》載："狻猊如彪貓，食虎豹"；郭璞注："即獅子也，出西域"，説明狻猊原型或爲獅子。由於中土不產獅子，古來皆爲西域諸國貢品，故以獅爲原型的狻猊就成了四海一統、萬邦來朝的象徵，常出現在宮廷陳設器上。

**贊日**：蓮帳寒縈窗拂曙，筠籠熏火香盈絮，鑄鳳銜蓮，圖龍並眠，饒玉染浮煙，夜風吹，香氣隨，郁金苑，芙蓉池，秦皇辟惡不足道，漢武胡香何物奇。

# A HUTIAN "MYTHICAL BEAST" INCENSE BURNER
## Northern Song Dynasty

**PROVENANCE**
Previously from the Collection of R.H.Ellsworth
The Collection of Brooklyn Museum, New York
The Collection of J. J. Lally
**EXHIBITION**
General Collection of Brooklyn Museum, New York, 2001 onwards
**PUBLICATION**
*Early Chinese Ceramics: An American Private Collection*, J. J. Lally & Co. Oriental Art, 2005
14.8 cm. Height.

北宋 影青狻猊香薰

貳拾

贊曰

蓮帳寒檠窗拂曙

筠籠熏火香盈絮

鑄鳳銜蓮　圖龍

並眠　饒玉染浮煙

夜風吹　香氣隨

郁金苑　芙蓉池

秦皇辟惡不足道

漢武胡香何物奇

湖田影青瓷雄踞中國南方青白瓷盟主地位達七百多年，出品琳琅滿目，此八方小爐即爲其傳世雋品。

小爐呈八方形，形制小巧規整，盈手可握，通體施青白釉，釉水晶瑩透潤，施釉勻薄處呈白色，積釉處透青，釉色清雅明俊介於青白之間，白中閃青，青中泛白，色恬如玉，不負"饒玉"美名，可睹宋人佳趣。

贊曰：香添然蜜，氣雜燒蘭，爐長宵久，光青夜寒，秀華掩映，蚖膏照灼，況複上蘭深夜，中山醑清，楚妃留客，韓娥合聲，瓊鉤半上，若木全低，翡翠珠被，流蘇羽帳，舒屈膝之屏風，掩芙蓉之行障，卷衣秦后之床，送枕荊台之上。

## A SMALL HUTIAN OCTAGONAL INCENSE BURNER
### Northern Song Dynasty

6.5 cm. Diam; 3.5 cm. Height.

小青之华

貳拾壹

贊曰

香添然蜜　氣雜燒蘭

爐長宵久　光青夜寒

秀華掩映　妖膏照灼

況複上蘭深夜　中山

醑清　楚妃留客　韓娥

合聲　瓊鉤半上　若木

全低　翡翠珠被　流蘇

羽帳　舒屈膝之屏風

掩芙蓉之行障　卷衣

秦後之床　送枕荊台

之上

南宋 龍泉窯青釉沖天耳三足鼎式爐

龍泉窯青瓷素負盛名，窯址在今浙江省龍泉縣境內，宋元時期燒造盛極一時。

本品造型典雅端秀，爲仿上古青銅鼎式樣，口沿立雙沖天耳，挺拔有力，下承三長柱形足，沉穩勁拔，平添俊姿；小器大樣，頂天立地，氣勢逼人；通體施龍泉青釉，釉層肥腴，色澤溫潤，光斂內蘊，置於案頭，古韻悠然。

贊曰：煙靄天成，不勞於妝點，容華格定，無待於裁熔，深淺而各奇，穠纖而具妙，若揮之則有餘，攬之則不足矣。

# A LONGQUAN TRIPOD CENSER
## Southern Song Dynasty

8.4 cm. Height.

南宋 龍泉窯青釉沖天耳三足鼎式爐

貳拾貳

贊曰

煙靄天成

不勞於妝點

容革格定

無待於裁熔

深淺而各奇

穠纖而具妙

若揮之則有餘

攬之則不足矣

萬曆五彩狻猊香薰，時代特色鮮明，工藝繁複，造型別致，象形傳神均臻於妙境。狻猊身姿雄健凜然，眉目之間則諧趣橫生，令人忍俊不禁。

施釉亮潤通透，青花藍豔，深入胎骨，紅綠彩對比強烈，施彩風格豪邁，色澤濃妍，變化豐富。紅彩蒼雅深沈，一如棗皮之色，綠彩厚潤而翠澤，極具質感，筆意稚拙可愛，諸彩相配得當，相互輝映。獸身整體以圓雕塑型，軀體健壯圓渾，蹲踞之姿，氣勢昂揚，首生雙角，貼服於腦後，張口露齒，雙目圓睜，四肢強勁有力，指爪犀利。整器端古俊拔，足顯高超之成型技藝，像生裝飾意味和實用功能結合得十分巧妙。

此狻猊瑞獸形似獅，足爲爪形，頭生雙角。古人認爲獅虎兇猛，可除凶祟，遂將多種動物的特點通過誇張的手法融合在一起，塑造成符合人們理想意願中威猛神獸造型。獅子的傳入和被稱爲“獅子”是在漢代，《後漢書·章帝紀》：“章和元年……月氏國遣使獻扶拔、獅子。”記載了第一頭獅子進入中原是在公元87年，這是關於獅子傳入中土的最早文獻記載；但從西漢元帝渭陵出土的兩件獅形玉辟邪看，獅子的形象最遲在漢元帝時就傳入中原。

**贊曰**：月出東斗，好風相從，太華夜碧，人聞清鐘，金樽酒滿，伴客彈琴，取之自足，良殫美襟。

## A BLUE-GROUND POLYCHROME ENAMEL "MYTHICAL BEAST" INCENSE BURNER
### Period of Wanli, Ming Dynasty

20.9 cm. Height.

103

造型端秀，線條俊拔爽利，施釉堅瑩如玉，滑不留手，當爲同類器中之佼佼者。

撇口，束頸，鼓腹，圈足，外壁滿施霽紅釉，爐身因受熱溫度不勻，出爐後一面爲濃豔亮麗的紅釉，殷紅熾曜，朝焰奪目，另一面卻皎然呈獻青潤翠秀的淡綠釉，春意盎然，綠蔭悠揚，如此奇幻譎麗的窯變效果，非出人意，實屬天成。與同期色釉名品豇豆紅釉極爲相伴，或屬異曲同工之妙，焚香於內，餘韻當繞梁三日不絕。

贊曰：情以物興，物以情觀，如組織之品朱紫，畫繪之著玄黃，文雖新而有質，色雖糅而有本，水停以鑒，火靜而朗，無擾文思，鬱此精爽。

## A COPPER-RED CENSER
### Early Qing Dynasty

13.3 cm. Diam; 7.8 cm. Height.

清早期　霽紅窯變釉缽盂爐

霽紅窯變釉缽盂爐

貳拾肆

105

贊曰

情以物興

物以情觀

如組織之品朱紫

畫繪之著玄黃

文雖新而有質

色雖糅而有本

水停以鑒

火靜而朗

無擾文思

鬱此精爽

來源：曹錕家族舊藏

款識："大清嘉慶年製"六字三行篆書款

瓷質香插，將實用功能與裝飾技藝集於一身，兼有陳設把玩與實用價值。

香插爲古人盛放香道之雅具。宋人生活中將點茶、焚香、掛畫、插花，並稱生活中的"四藝"。因此焚香的習俗也帶動了品香工具的發展，明清以降，品香薰藻之風日熾，綿延不絕，遂成風尚。

嘉慶朝延續乾隆晚期御窯風貌，工藝特徵和手法幾近雷同。臺北故宮博物院藏清乾隆黃地粉彩和合二仙香插與本品形制基本相類。造型別致，圓盤內外以低溫黃釉爲地，盤內口沿繪藍料彩回紋一週，盤心瓷塑粉彩和合二仙，二仙並肩而立，寒山紅衣藍裳左手托盒右手持蓋，拾得藍衣紅裳左手持蓋右手搭於寒山肩上，神情祥和喜慶，盤內貼飾道家雜寶，古老錢、雙錢、銀錠、單錢、犀角、方勝、金錠及珊瑚。三足金蟾攀爬於二仙後背之上，昂首闊口巧做香插之用。金蟾被認爲是口吐金錢的神物，常與劉海同時出現，有時亦與和合二仙爲伴，更添諧趣。

贊曰：日出天而曜景，露下地而騰文，鏡朱塵之照爛，襲青氣之煙 ，同瓊珮之晨照，共金爐之夕香。

# A FAMILLE-ROSE "TREASURES" DISH
## Mark and period of Jiaqing, Qing Dynasty

**PROVENANCE**
Previously from the Collection of Cao Kun Family
11.5 cm. Diam.

小有文章

貳拾伍

贊曰

日出天而曜景

露下地而騰文

鏡朱塵之照爛

襲青氣之煙熅

同瓊珮之晨照

共金爐之夕香

來源：關善明舊藏
展覽：關氏所藏宋代陶瓷展，香港藝術館，1994年7月22日-9月11日，編號7
出版：《關氏所藏宋代陶瓷》，香港藝術館，1994年，頁50，圖版7

哥窯多爲精巧古雅之物，釉色尤爲文人士大夫所鍾情，常入文房清供。傳世及歷代仿製作品以筆洗爲多見，爲歷代文人及藏家所青睞。

明代屠隆《考盤餘事》"筆洗"條有載："陶者有官哥圓洗、葵花洗、磬口洗、圓肚洗、四卷荷葉洗、卷口蔗段洗、長方洗。"可知哥窯筆洗式樣豐富，而業內素以方型器物難以搏造成型，有"十圓不如一方"之説，故方洗難得，倍受珍視。

此哥釉四方洗，造型端莊古樸，周身紋片緻密，釉色厚潤猶如凝脂，寶光內蘊。窄口，支釘燒，通體開片錯落有致，金絲鐵線遊走其間，古意盎然，別具一格。胎骨厚薄勻稱，製作規整。是器爲著名藏家、"敏求精舍"資深會員關善明舊藏，附舊配硬木蓋、座，尤爲難得。

據清宮檔案，《乾隆四十七年各作成做活計清檔》記載："四月二十六日，員外郎五德催長大達色金江舒興來説太監鄂魯里交：'哥窯方洗一件（底足破隨紫檀木座蓋玉頂，淳化軒撤下），傳旨將底足粘好呈覽，欽此。'"所指即爲本品相類器物。

**贊曰**：夫玄黃色雜，方圓體分，惟人參之，性靈所鐘，是謂三才，夫豈外飾，蓋自然耳。

# A GE SQUARE WASHER
## Ming Dynasty

**PROVENANCE**
Previously from the Collection of Simon Kwan
**EXHIBITION**
Song Ceramics from the Kwan Collection, Hong Kong Museum of Art, 22 July-11 September 1994, Lot 7
**PUBLICATION**
*Song Ceramics from the Kwan Collection*, Hong Kong Museum of Art, 1994, fig. 7
7 cm. Lengh; 7 cm. Width.

明　哥釉四方洗

貳拾陸

贊曰

夫玄黃色雜

方圓體分

惟人參之

性靈所鐘

是謂三才

夫豈外飾

蓋自然耳

來源：倫敦佳士得，1985年6月17日，編號478

款識："大清康熙年製"六字三行楷書款

縱觀清代御窯，在品種、器型、紋飾承前啟後的開創性上，康熙御窯可謂獨領風騷，冠絕一朝。"雨過天青雲破處，者般顏色做將來"的悠悠迴響，也是在歷經近八百年的跌宕淬煉之後，在紫禁城玄燁案頭擺放的天藍釉器皿上，得到了最直觀、最真切的回應。

康熙四十四年（1705）郎廷極督窯之時，景德鎮御窯廠呈現了清代第一次陶冶高峰，創燒了以單色釉爲主的大量名品，天藍釉即是其中一項奪目成就，是以氧化鈷爲呈色劑的高溫釉，因鈷含量低於1%，故釉色淺淡，呈現天藍之色，似雨後晴空，故名"天藍釉"，清宮檔案中亦稱爲"乳釉"，或因初衷爲仿汝之意。可與同時期創燒的豇豆紅釉媲美，但或因燒造數量較少，存世不爲多見。

此洗器形規整雋雅，施釉腴厚瑩潤，天藍一色，潤人眼目。

贊曰：可人如玉，步屧尋幽，載行載止，空碧悠悠；神出古異，淡不可收，如月之曙，如氣之秋，白露暖空，素月流天，柔祇雪凝，圓靈水鏡，升清質之悠悠，降澄輝之藹藹。

# A "CLAIR-DE-LUNE" GLAZED WASHER

Mark and period of Kangxi, Qing Dynasty

**PROVENANCE**
Christie's London, 17 June 1985, Lot 478
11.9 cm. Diam.

小青之翠

貳
拾
柒

贊曰

可人如玉　步屧尋幽

載行載止　空碧悠悠

神出古異　淡不可收

如月之曙　如氣之秋

白露暖空　素月流天

柔祗雪凝　圓靈水鏡

升清質之悠悠

降澄輝之藹藹

款識："大清雍正年製"六字三行篆書款

宋代單色釉器的出現，以及後世對官、哥、汝釉的
追捧和仿製，主要是受宋明理學以及道家思想"合
於天造，厭於人意"的美學理念影響，追求"天工
與清新""疏淡含精勻"的意境。
這件雍正仿官釉三足洗的造型、釉色就體現了清代
帝王及其御窯對這種追求和理念的完美詮釋。造型
仿宋汝窯三足洗，古樸雋雅；通體施仿官釉，釉下
開片呈自然冰裂狀；下承三足，足間布以支釘痕，
即滿足了燒製工藝的需要，又兼具古意，饒有趣
致，摹造水準高超，頗見趙宋舊物情韻，又體現出
十八世紀清宮獨有的精雋雅麗風貌。

**贊曰**：彼波起辭間，是謂之秀，纖唇麗音，宛乎逸態，若遠山之浮
煙靄，變女之靚容華；每馳心於玄默之表，恒匿思於佳麗之
鄉，使蘊籍者蓄隱而意愉，英銳者抱秀而心悅。

A GUAN-TYPE TRIPOD WASHER
Mark and period of Yongzheng, Qing Dynasty

16 cm. Diam.

清雍正　仿官釉三足洗

貳拾捌

贊曰

彼波起辭間

是謂之秀

纖唇麗音

宛乎逸態

若遠山之浮煙靄

孌女之靚容華

每馳心于玄默之表

恒匿思于佳麗之鄉

使蘊籍者蓄隱而意愉

英銳者抱秀而心悅

來源：北京翰海2004年6月28日，編號1894；翦淞閣舊藏

筆舔橢圓形，通體施仿官釉，舊稱"官窯腰圓筆
拭"。清宮《活計檔》屢屢道及一件"官窯腰圓筆
拭"，造型與之相仿，頗受雍、乾兩代帝王青睞，
乾隆帝更命懋勤殿大臣題寫御製詩，令內務府匠人
鐫刻於筆拭底部。

清代雍正帝好古，對宋瓷鍾愛有加，當時御窯廠的
燒造技術嫻熟，追摹宋瓷更是達到了"仿古暗合，
與真無二"的程度。雍正十三年（1735）唐英撰寫
的《陶成紀事碑》中總結御窯廠仿古和新增釉色品
種共計五十七種，仿宋鐵骨大觀釉即爲其中之一。
據清宮檔案記載，雍正帝屢次拿出內府藏宋代原
器，畫樣發與唐英命其對照仿製。

筆舔造型小巧，手可盈握。通體施仿官釉，釉汁肥
潤凝厚，色澤朴雅宜人，釉面光潔瑩潤，圈足施以
黑褐色護胎汁，以摹宋瓷鐵足效果，別具古韻。整
器精緻雋秀，撫之溫膩綿柔，器身光素不事雕飾，
氣息淳厚悠遠。

**贊曰**：珠玉潛水，瀾表方圓，始正而末奇，內明而外潤，使玩之者無
窮，味之者不厭矣。

# A GUAN-TYPE OVAL-SHAPED INK PALETTE
## Period of Yongzheng, Qing Dynasty

**PROVENANCE**

Han Hai Beijing, 28 June 2004, Lot 1894; Previously from the Jiansongge
Collection
8.2 cm. Lengh.

小清文房

貳拾玖

贊曰

珠玉潛水

瀾表方圓

始正而末奇

內明而外潤

使玩之者無窮

味之者不厭矣

來源：Frank Caro（盧芹齋繼承人，紐約，1960年代）舊藏
　　　詹姆斯‧桑頓醫生舊藏
展覽：德州聖安東尼奧美術館，1984-2017年
款識："大清雍正年製"六字雙行楷書款

此式鏜鑼洗在清宮檔案中被稱爲"五彩鐃式洗"，是極爲罕見的雍正御窯鬥彩精雅雋美之器。品質上乘，工藝精巧，氣息典雅清貴。

折沿呈淺盤狀，造型輕盈秀巧；胎體盈薄，胎質堅實細膩，釉面瑩潤，全器鬥彩爲飾，外壁近足處飾蓮瓣紋一週；器心繪團花紋，以青花勾勒花葉輪廓，以綠彩點染花葉、花蕊，花瓣處施以低溫銻黃彩及礬紅彩等。紋飾佈局雋雅，繪製精妙流暢，用筆一絲不苟，色彩靚麗娟秀，充分體現了雍正御窯鬥彩器淡雅柔麗的時代風貌，殊爲難得。

贊曰：白雲初晴，幽鳥相逐，眠琴綠蔭，上有飛瀑，落花無言，人淡如菊，書之歲華，其曰可讀。

# A DOUCAI "FLORAL MEDALLION" WASHER
## Mark and period of Yongzheng, Qing Dynasty

**PROVENANCE**
Previously from the Collection of Frank Caro (a descendant of C. T. Loo)
The Dr. James D. Thornton Collection
**EXHIBITION**
General Collection of San Antonio Museum of Art, Texas, 1984-2017
15.3 cm. Diam.

清雍正 鬥彩團花紋鏜鑼洗

贊曰

白雲初晴
幽鳥相逐
眠琴綠蔭
上有飛瀑
落花無言
人淡如菊
書之歲華
其曰可讀

清乾隆 霽藍釉撇口水盂

展覽：紫禁城的記憶：乍可助臨池－文房瓷特展，北京中漢拍賣，2015年
　　　11月12日-15日，編號25
出版：《紫禁城的記憶：圖説清宮瓷器檔案‧文房卷》，國家圖書館出版
　　　社，2016年，頁58-59，圖版25
款識："大清乾隆年製"六字三行篆書款

撇口霽藍水盂，款識筆法特徵鮮明，爲乾隆
早期御窯製品。清宮《活計檔》中命名爲
"霽青撇口水盛"或"霽青撇口筆搋"。其
燒製過程在檔案中亦有明確記載，從造辦處
傳旨發樣到御窯廠燒成解京，時間在乾隆三
年至四年間（1738-1739），其後則不復燒
造。這是唐英督窯期間燒製的御窯單色釉文
房佳作，且具有一定的紀年斷代意義，更屬
難能可貴。

水盂撇口短頸，弧壁扁腹，造型精巧雋秀，
通體施霽藍釉，釉面濃豔亮潤，色如藍寶
石，沉靜內斂，肅穆典雅。

**贊曰**：海風碧雲，夜渚月明，如有佳語，大河前橫，體素儲潔，乘月返真。

# A BLUE-GLAZED WASHER
## Mark and period of Qianlong, Qing Dynasty

**EXHIBITION**
The Memories of the Forbidden City: EXHIBITION of Ceramics from Literati's
Studio, Johan Auctions Beijing, 12-15 November 2015, Lot 25
**PUBLICATION**
*The Memories of the Forbidden City: An Archive of Imperial Porcelains and Ceramics from
Qing Dynasty; Volumn of Objects from Literati's Studio*, National Library of China
Publishing House, 2016, p. 58-59, fig. 25
7 cm. Diam.

小青文房

叁拾壹

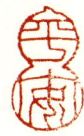

贊曰

海風碧雲
夜渚月明
如有佳語
大河前橫
體素儲潔
乘月返真

135

清康熙 豇豆紅釉暗刻團螭紋太白尊

來源：Marchant 舊藏
出版：《中國宮廷陶瓷及工藝品圖錄》，英國倫敦馬錢特公司，2013年，頁
　　　46，圖版21
款識："大清康熙年製"六字三行楷書款

豇豆紅太白尊屬康熙御窯文房名品，清宮檔案稱爲"霽紅花囊"，或因其造型酷似李白飲酒之尊而得名"太白尊"，當屬後世文人謔稱而約定俗成。

《飲流齋説瓷》載："此等尊無巨大者，通體不過數寸耳，以豇豆紅或帶蘋果綠、蘋果青色爲多，腹有三團螭暗花，乃淺凹雕也，除康窯外歷朝甚罕仿製，故價值之昂等於拱璧。"由於銅紅釉敏感易變，其呈色半由天成，經常隱現深淺不同的斑點，本品自口而下時泛紅片絳斑，恰似墜英片片，尤其耐人尋味。

本品造型端秀典雅，飽滿周正，外壁滿施豇豆紅釉，釉色嬌豔亮麗，腹部暗刻團螭紋，刻畫清晰精細。

**贊曰**：采采流水，蓬蓬遠春，窈窕深谷，時見美人；碧桃滿樹，風日水濱，柳蔭路曲，流鶯比鄰；乘之愈往，識之愈真，如將不盡，與古爲新。

# A PEACHBLOOM-GLAZED BEEHIVE WATERPOT
## Mark and period of Kangxi, Qing Dynasty

**PROVENANCE**
Previously from the Marchant Collection
**PUBLICATION**
*Imperial Chinese Porcelain, Ceramics & Works of Art,* Marchant, 2013, p. 46, fig. 21
8.5 cm. Height.

清康熙　豇豆紅釉暗刻團螭紋太白尊

贊曰

采采流水
蓬蓬遠春
窈窕深谷
時見美人
碧桃滿樹
風日水濱
柳蔭路曲
流鶯比鄰
乘之愈往
識之愈真
如將不盡
與古為新

清乾隆 仿石紋釉「勤能補拙」長方章

款識："勤能補拙"四字雙行篆書款

仿石紋釉爲清代單色釉雋品，極富文人韻致。施釉工藝特殊，用各種低溫彩釉勾繪奇石紋理，或仿大理石釉、或仿虎皮石釉、或仿卵石釉，或仿英石、太湖石釉等。

古人印章以石製爲主，兼及其他材質，故瓷質印章屬文案趣品，燒造數量有限，傳世不爲多見。本品形制、色澤均模擬石製印章，在堅瑩透明白釉上施以礬紅彩、墨彩模仿石紋效果，逼真傳神，惟妙惟肖，安能辨其是瓷石，平添盎然文趣。印面鐫刻朱文篆書"勤能補拙"。

**贊曰**：成湯盤盂，著日新之規，武王戶席，題必戒之訓，周公慎言於金人，仲尼革容於欹器，信所謂追清風於前古，攀辛甲於後代者也。

A FINELY-GLAZED SEAL
Period of Qianlong, Qing Dynasty; with four characters reading qinnengbuzhuo ('diligence can overcome a lack of talent')

7.1 cm. Lengh.

小有文章

参拾参

贊曰

成湯盤盂 著

日新之規 武

王戶席 題必

戒之訓 周

公慎言于金

人 仲尼革容

於欹器 信所

謂追清風于前

古 攀辛甲于

後代者也

143

來源：山中商會舊藏

出版：《中國及遠東藝術合集》，山中商會，1943年，編號864；《中國及遠東藝術合集》，山中商會，1988年，編號864

此件郎窯紅卷缸爲康熙色釉文房雅品，存世罕見。與其他燒製年代不一、爲數眾多的傳世郎窯紅類器物相比，其造型、釉色、胎質等諸多工藝和鑒賞特徵均極爲鮮明，堪稱康熙郎窯紅典型器和標準教材。

造型敦秀古雅，胎體厚重，內壁施白釉，堅瑩泛青；外壁滿施郎窯紅釉，色如初凝牛血，深沉濃豔，垂流和玻璃質感均十分強烈，片紋交錯，時隱時現，伴有明顯桔皮紋，完全具備"明如鏡、潤如玉、赤如血"的郎紅特徵；口部釉層因垂流變薄而露出胎色，垂釉近足，戛然而止，正所謂"脫口垂足郎不流"；底釉呈米色泛青，密佈開片，極具時代特徵。

**贊曰**：春秋代序，陰陽慘舒，物色之動，心亦搖焉，若夫珪璋挺其惠心，英華秀其清氣，物色相召，人誰獲安？歲有其物，物有其容，情以物遷，辭以情發，況清風與明月同夜，旭日與春林共朝哉。

## A LANG RED-GLAZED JARDINIÈRE
### Period of Kangxi, Qing Dynasty

**PROVENANCE**
Previously from the Collection of Yamanaka & Co.
**PUBLICATION**
*Collection of Chinese and Other far Eastern Art,* Yamanaka & Co., 1943, Lot 864;
Collection of *Chinese and Other far Eastern Art,* Yamanaka & Co., 1988, Lot 864
22 cm. Diam; 18.4 cm. Height.

清康熙　郎窯紅釉卷缸

叁拾肆

贊曰

春秋代序 陰陽慘舒
物色之動 心亦搖焉
若夫珪璋挺其惠心
英華秀其清氣 物色
相召 人誰獲安 歲有
其物 物有其容 情以
物遷 辭以情發 況清
風與明月同夜 旭日
與春林共朝哉

147

叁

肆

伍

陸

拾柒

貳拾伍

貳拾柒

貳拾捌

叁拾壹

叁拾貳

本次展覽得到了以下藏家和友人的熱心支持和幫助，特此鳴謝（排名不分先後，以姓氏筆畫爲序）：

自得軒

倪先生

許永波

曹向東

張國鈞

龔瑛

增德堂

談斌

蘇平

圖書在版編目（CIP）數據

小有文章 : 靜德軒藏文房瓷 / 王德元、卞亦文編著. -- 北京 :
國家圖書館出版社, 2018.11

ISBN 978-7-5013-6611-8

Ⅰ.①小… Ⅱ.①王…②卞… Ⅲ.①瓷器(考古)–中國–明清時代–
圖集 Ⅳ.①K876.32

中國版本圖書館CIP數據核字（2018）第251608號

書　　名　小有文章——靜德軒藏文房瓷

著　　者　王德元　卞亦文　編著

責任編輯　王燕來

設　　計　陶　然　彭淑鳳

出　　版　國家圖書館出版社（100034 北京市西城區文津街7號）

　　　　　（原書目文獻出版社　北京圖書館出版社）

發　　行　010-66114536　66126153　66151313　66175620

　　　　　66121706（傳真）　66126156（門市部）

E-mail　nlcpress@nlc.cn（郵購）

Website　www.nlcpress.com → 投稿中心

經　　銷　新華書店

印　　裝　北京雅昌艺术印刷有限公司

版　　次　2018年11月第1版　2018年11月第1次印刷

開　　本　889×1194（毫米）　1/16

印　　張　9.625

書　　號　ISBN 978-7-5013-6611-8

定　　價　300.00圓